내 잘못 아니야

스콜라 scola_가치 있는 책을 만드는 아름다운 책 학교
(주)위즈덤하우스의 아동·청소년 브랜드입니다.

글 **최형미**
서울에서 태어나 대학에서는 국문학을 대학원에서는 아동문학을 공부했습니다. 작가는 '사람들이 잊고 있던 것을 다시 반짝거리게 만들어 준다'라는 말을 제일 좋아해서 할머니가 될 때까지 사람들을 반짝거리게 만들 이야기를 쓰려고 마음먹고 있습니다. 지은 책으로는 《스티커 전쟁》《선생님 미워!》《못하면 어떡해?》《아바타 아이》《잔소리 없는 엄마를 찾아 주세요》《뻥쟁이 선생님》《거짓말》《엄마 아빠》 등이 있습니다.

그림 **김지현**
미국 뉴욕의 SVA에서 일러스트레이션을 전공한 뒤, 영국 런던 킹스턴대 예술디자인대학원에서 일러스트레이션으로 석사 학위를 받았습니다. 현재는 한국에서 프리랜서 일러스트레이터로 활동하고 있습니다. 그린 책으로 《Worth the wait(USA)》《어린이를 위한 집중》《황금비 수학동화》《어른들은 시끄러워!》《Colorful Ice Cream》 등이 있습니다.

좋은습관 길러주는 생활동화 17

핑계. 대지. 않는. 아이로. 길러주는. 책

내 잘못 아니야

글 최형미 | 그림 김지현

위즈덤하우스

작가의 말

정말 용기 있고 멋진 사람은?

세상에서 가장 용기 있고 멋진 사람이 누구인지 알고 있나요?

혹시 슈퍼맨? 아니면 스파이더맨? 배트맨? 아이언맨?

모두 틀렸어요. 세상에서 가장 용기 있고 멋진 사람은, 바로 자기 잘못을 인정할 줄 알고 자기 행동에 스스로 책임지는 사람이에요.

쉬워 보이지만 굉장히 어렵고 힘든 일이 바로 자기 행동에 스스로 책임지는 일이거든요.

생각해 봐요. 우리 친구들, 잘못했을 때나 실수 했을 때 자기 잘못이나 실수를 인정하고 책임지기 쉬웠나요? 아마 대부분 아닐 거예요. 사실 자신의 행동에 책임을 지는 일은 어른들도 쉽지 않거든요. 쉽기는커녕 아주 어려워요. 창피하기도 하고 자존심이 상하기도 하거든요. 또 때에 따라서는 자신이 가지고 있던 것을 잃을 수도 있거든요. 그래서 잘못을 하고 도망을 치는 어른들도 있고, 다른 사람들에게 피해를 주는 어른들도 있는 거랍니다.

그런데 그에 비해 남의 탓을 하기는 정말 쉬워요. 그래서 옛말에도 '잘 되면 내 탓, 안되면 조상 탓'이라는 말도 있답니다.

하지만 남의 탓을 하는 게 습관으로 굳어지면 아주 위험해요. 처음엔 양심의 가책을 느낄 수도 있고, 탓을 한 상대방에게 미안한 생각이 들 수도 있지만 습관이 돼 버리면 아무렇지도 않거든요. 특히나 어릴 때 남 탓하는 나쁜 습관을 고치지 못하고 어른이 되면 정말 곤란해요. 상상해 보세요. 무시무시한 범죄를 저지르고도 남의 탓을 하는 어른들이 많아진다면 정말 무섭지 않아요?

주변을 둘러보면 우리 친구들도 남 탓하는 친구들을 쉽게 볼 수 있을 거예요. 책 속에 나오는 재룡이처럼 그게 잘못인지도 모르고 있는 친구들이 정말 많거든요. 우리 친구들은 그런 친구들을 보면 어떤 생각이 드나요? 닮고 싶지 않지요? 나도 마찬가지예요. 때문에 어렵고 힘들지만 내 행동에 책임지는 사람이 되려고 노력한답니다. 그래서 재룡이의 이야기를 우리 친구들에게 꼭 들려주고 싶어요.

재룡이의 이야기를 통해 우리 친구들이 남 탓하는 습관의 무서움을 깨닫고 늘 책임감 있게 행동하는 사람이 되었으면 좋겠어요. 그럼 세상에서 가장 힘 있고 멋진 사람이 될 수 있을 테니까요.

최형미

차례

작가의 말   정말 용기 있고 멋진 사람은?   4

할머니는 내 편   8

쟤가 그랬어   17

모두 엄마 때문이야   26

사탕을 선물해야 해   34

정말 억울해 · 41

축구 경기 중에 생긴 일 · 50

잘못을 인정하는 게 진짜 용기 · 58

꽤 괜찮은 아이 · 65

부록

내 행동은 내가 책임지기 · 74

1. 나의 책임감 지수 테스트
2. 책임감 있게 행동하려면?
3. 책임감을 길러 주는 8가지 습관

할머니는 내 편

"재룡아, 우리 아기 뭐하누? 얼른 가야지?"

할머니 목소리를 들으니 왈칵 눈물이 날 것 같아요. 처음 할머니 집에 오던 날은 엄마랑 헤어지기 싫어 울었어요. 그런데 이젠 할머니랑 헤어질 생각에 눈물이 나요.

"재룡아, 엄마가 짜장면 시켜 놨다는데 다 불겠다."

앗, 엄마가 짜장면을 시켜 놨나 봐요. 하긴 이사하는 날에는 짜장면이 기본이에요. 혹시 탕수육도 시켰을

까요? 갑자기 입안에 군침이 돌아요.

"으응."

나는 얼른 콧물을 삼켰어요. 그래도 방을 나서기 전에 휙 한 번 둘러보았어요. 내 물건이 빠져나간 방 안은 썰렁했어요. 썰렁한 방은 슬퍼 보였어요. 하지만 짜장면 먹을 생각에 눈물이 나지는 않았어요. 나는 서둘러 방을 나왔어요.

"아얏!"

방문을 닫고 나오다가 방문 앞에 엎드려 있던 산초의 꼬리를 밟고 말았어요. 꼬리를 밟힌 산초는 소리를 지르며 날뛰었고요. 그 바람에 나는 깜짝 놀라 벽에 머리를 부딪쳤지 뭐예요.

"엉엉, 아파."

나는 머리를 부딪친 벽과 벽에 머리를 부딪치게 만든 산초를 번갈아 째려보며 울었어요.

"에이, 이런 나쁜 벽! 나쁜 산초! 떼끼, 누가 우리 착한 재롱이를 울려."

할머니는 늘 그랬던 것처럼 벽과 산초를 야단쳤어요. 할머니가 벽과 산초를 야단쳐 주어서 그런지 눈물이 쏙 들어갔어요.

"재룡아, 얼른 가자."

나는 할머니의 손을 잡고 바로 아랫집으로 내려갔어요.

"어머님, 어서 오셔서 식사하세요. 재룡아, 네가 좋아하는 탕수육이랑 군만두도 있어."

거실에는 이삿짐이 여기저기 쌓여 있었고 탁자에 짜장면과 탕수육, 군만두가 있었어요. 나는 얼른 젓가락을 들고 맛있게 먹기 시작했어요.

오늘은 우리 집이 할머니네 아파트 아래층으로 이사 오는 날이에요. 5년 전부터 나는 엄마와 떨어져 할머니랑 살았어요. 엄마가 쌍둥이 동생을 낳았거든요. 쌍둥이 여동생들 돌보기에도 벅찬 엄마를 대신해 할머니가 나를 돌봐 주셨어요. 그래서 나는 버스로 다섯 정거장이나 떨어져 있는 할머니 집에서 할아버지, 삼촌과 함께 살았어요.

그런데 오늘부터는 엄마 아빠랑 동생들이랑 함께 살 거예요. 오늘 엄마 아빠랑 여동생들이 할머니네 아래층으로 이사 왔거

든요. 며칠 후면 나는 초등학교에 입학해요. 쌍둥이 여동생들도 유치원에 입학하고요. 그래서 이제 모두 함께 살기로 했어요. 오랫동안 함께 지낸 할머니랑 헤어져 슬프지만 바로 아랫집이니까 괜찮아요. 언제든 할머니를 볼 수 있으니까요.

"으앗!"

나는 탕수육을 빨리 먹으려고 서두르다가 간장 그릇을 쏟고 말았어요. 나는 얼른 재연이를 노려보았어요. 재연이랑 손이 부딪히는 바람에 그런 거거든요.

"너 때문이잖아. 오빠가 먹으려는데 왜 그래?"

"오빠는 참, 왜 내 탓을 해? 오빠가 빨리 먹으려고 그러다가

간장 그릇 친 거잖아."

동생 재연이의 말에 발끈 화가 났어요.

"무슨 소리야? 너 때문이라니까!"

"아이고, 됐다. 고만들 해. 밥상 놓고 싸우는 거 아니다. 이놈의 간장이 왜 엎어지고 그러냐. 떼끼, 나쁜 간장!"

할머니가 간장 그릇을 야단치자 재연이랑 지연이가 깔깔거리며 웃었어요.

"할머니는 왜 간장을 혼내?"

"그러게. 하하하."

웃는 재연이가 얄미웠지만 참기로 했어요.

"자, 얘들아. 이제 얼른 방 정리하자."

음식을 다 먹자 엄마가 말했어요. 나는 가방을 메고 중간 방으로 들어갔어요. 할머니네 집 중간 방은 삼촌 방이었는데, 붙박이장도 있고 밖을 볼 수 있는 커다란 창문도 있거든요. 우리 집이 할머니네 집 아래층으로 이사 온다고 했을 때부터 나는 중간 방을 쓸 생각에 기분이 좋았어요.

"어, 엄마? 왜 여기 침대가 두 개야?"

당연히 중간 방이 내 방일 거라고 생각했어요. 그런데 침대가 두 개나 놓여 있지 뭐예요? 뭔가 불안했어요.

"저기, 그게 재룡아! 재연이랑 지연이는 둘이 방을 써야 하잖아. 침대도 두 개여야 하고, 또 책상도 같이 써야 하니까 큰 걸 놓아야 해. 아무래도 중간 방은 쌍둥이들이 써야 할 것 같아."

엄마는 최대한 다정한 표정과 목소리로 말했어요. 하지만 나는 화가 났어요. 온 몸이 물 끓는 주전자처럼 화가 부글부글 끓어오르는 것 같았어요.

"싫어. 내가 중간 방 쓸 거라고!"

하지만 아무리 화를 내고 떼를 써도 소용없었어요. 할머니도 내 편을 들어주지 못했거든요.

나는 작은 방 침대에 누워 동생들 탓을 했어요. 엄마랑 떨어져 산 것도, 작은 방을 쓰게 된 것도 모두 동생들 때문이니까요. 괜스레 허공에 발길질을 하며 소리를 질렀어요.

"정말 싫어! 다 동생들 때문이야!"

쟤가 그랬어

 식구들은 내 모습을 보더니 모두 입을 쩍 벌렸어요. 오늘은 입학식이에요. 그래서 할머니가 사 준 멋있는 재킷을 입고 나비넥타이를 맸어요. 거울에 비친 내 모습은 내가 봐도 근사했어요. 사실 나는 꽤 잘생겼어요. 어린이집에 다닐 때부터 꽃미남이라는 소리도 자주 들었어요. 하얀 피부에, 눈썹도 진하고 콧날도 오뚝하거든요.
 예상은 빗나가지 않았어요. 입학식에 온 사람들 모두 나를 보고 감탄하는 것 같았어요. 괜히 어깨에 힘이 들어갔지요.

강당에서 입학식을 마치고 교실로 이동했어요. 나는 1학년 3반이 되었어요. 담임 선생님은 신미성 선생님이고요.

"자, 키 순서대로 줄을 서 보세요."

선생님의 말에 나는 다른 애들과 함께 줄을 섰어요. 어디쯤 서야 할까 살펴보다가 그만 누군가의 발을 밟고 말았어요. 발을 밟힌 애는 내 옆에 서 있던 여자애였어요. 그 애는 고개를 숙이고 실내화를 살폈어요. 깨끗한 새 실내화에 내 발자국이 선명하게 찍혀 있었어요.

"앞에 있던 애가 갑자기 미는 바람에 발을 밟은 거야."

나는 주섬주섬 말을 꺼냈어요. 여자애가 실내화를 털고는 고개를 들었어요. 여자애는 긴 머리에 얼굴이 하얗고, 속눈썹이 엄청 길었어요. 재연이가 아끼는 인형의 속눈썹처럼요.

"괜찮아."

나를 보고 웃는 그 애는 재연이 인형보다 훨씬 예뻤어요.

"자, 보자. 재룡이랑 나은이랑 짝이네.

삼 분단 넷째 줄에 앉으렴."

큼큼 괜히 헛기침을 했어요. 선생님 말을 듣자마자 큰 소리로 웃을 뻔했거든요. 인형보다 훨씬 예쁜 그 애는 이제 내 짝이에요.

"우아, 너희 완전 선남선녀 커플이다."
"어머, 쟤들 좀 봐. 어쩜 저렇게 예쁘고 잘생겼지?"

우리가 교실로 들어가려고 하는데 복도에 서 계시던 아줌마들이 말했어요. 나은이는 지금껏 내가 본 여자애들 중에 최고로 예쁜 것 같아요. 앞으로 학교 다니는 게 아주아주 즐거울 것 같아요.

"나은아, 안녕?"

다음 날 나은이를 보자마자 반갑게 인사했어요. 나은이도 나를 향해 손을 흔들며 웃어 주었어요. 내가 제일 좋아하는 초콜릿 케이크를 먹은 것처럼 기분이 좋았어요.

"자, 이번 시간에는 선생님이 나눠 준 도화지에 가족 얼굴을 그려 보자."

나는 선생님이 나누어 준 도화지에 우리 가족 얼굴을 그렸어요. 나은이도 크레파스를 꺼내 놓고 열심히 그림을 그렸어요.
"어머, 어떡해!"
나은이가 갑자기 소리를 쳤어요. 나는 뒤에 앉은 시언이가 내 어깨를 쳐서 돌아보던 중이었는데 그 소리에 깜짝 놀랐어요.
"이재롱! 네가 팔을 치는 바람에 그림을 망쳤잖아."
나은이는 속상한 얼굴이었어요. 하지만 진짜 속상한 건 나예요. 내가 나은이 팔을 친 건 다 시언이 때문이거든요. 시언이가 내 어깨를 쳐서 뒤를 돌아보다 그런 거니까요.

"시언이 때문이야. 시언이가 어깨를 쳐서 돌아보다가 그런 거야."

나은이가 뭐라고 말하려는데 마침 쉬는 시간을 알리는 종이 울렸어요. 나은이는 도화지를 돌돌 말아서 책상 서랍에 넣어 버렸어요. 그러고는 우유를 꺼내 마시기 시작했어요. 화가 난 것 같았어요.

나은이와 친해지고 싶은데 자꾸만 딴 애들 때문에 나은이 기분을 상하게 해요. 너무 억울하고 속상해요. 나은이 눈치를 보다가 가방 속에 넣어 둔 스티커 생각이 났어요. 스티커를 주면 나은이 기분이 좋아질지도 몰라요.

"어마나!"

우유를 마시던 나은이가 갑자기 우유 팩을 놓치며 소리를 질렀어요. 그 바람에 나은이 바지에 우유가 쏟아지고 말았지요.

"김도현, 갑자기 밀치면 어떡해? 네가 밀치는 바람에 이렇게 됐잖아."

나는 벌컥 소리를 질렀어요. 정말 화가 나요. 내가 가방에서 스티커를 찾아 자리에 앉으려는데 내 옆을 지나가던 도현이가 날 쳤거든요. 그래서 중심을 잃고 나은이의 팔을 쳤고요.

"어떻게 해."

우유에 젖은 바지 때문에 나은이는 금방이라도 눈물을 터뜨릴 것 같았어요. 이렇게 만든 도현이가 너무 원망스러웠어요.

"나은아, 무슨 일이니?"

"재롱이가 나은이 우유 쏟았어요."

앞에 앉은 세나가 말했어요. 아무것도 모르면서요.

"아니에요. 도현이가 저를 쳐서 그런 거예요. 도현이 때문이에요."

억울해서 소리쳤어요. 너무 억울하니까 눈물도 나왔어요.

"재룡아, 알았어. 괜찮으니까 울지 말고. 나은이는 양호실에 가 있을래? 선생님이 엄마께 전화 드려서 옷 가지고 와 달라고 부탁할게."

나은이가 양호실로 가고 다시 수업이 시작되었어요. 하지만 기분이 상해서 선생님 말씀이 하나도 귀에 들어오지 않았어요. 도현이도 시언이도 너무 미워요. 쟤들 때문이니까요.

모두 엄마 때문이야

숨이 차서 더는 못 달리겠어요. 어쩔 수 없어요. 오늘도 그냥 지각해야겠어요. 우리 학교는 왜 언덕에 있을까요? 아침마다 등산하는 것 같아요. 학교가 평지에만 있었어도 지각을 덜했을 거예요. 눈앞에서 교문이 닫히려는 걸 봐도 학교가 언덕에 있으니까 너무 힘들어서 뛸 수가 없거든요.

"재룡이 이 녀석, 오늘도 지각이냐?"

교문을 지키고 계시던 선생님이 나를 보고 얼굴을 찡그리셨어요. 벌써 삼 일째 지각이거든요. 선생님이 내 얼굴도, 이름도 외우셨나 봐요.

나는 지각생들이 벌서는 자리에 섰어요. 지각을 하면 교문 앞에서 십 분 동안 서 있어야 하거든요.

"어허, 요 녀석들 똑바로 안 서!"

가만히 서 있으려다 보면 일 분이 일 년 같아요. 몸도 꼬이고 괜히 여기저기 간질거리는 거 같아요. 벌을 선 지 한 시간도 넘은 것만 같아요. 목도 마르고요. 앗, 교감 선생님이에요.

"아야!"

나는 얼굴을 잔뜩 찡그렸어요. 교감 선생님은 손에 집게가 달렸나 봐요. 진짜 아파요. 교감 선생님은 벌서는 아이들의 볼을 한 번씩 다 잡아당기시거든요.

"아이쿠, 우리 꽃미남이 오늘도 지각했네."

교감 선생님은 나한테 꽃미남이라면서 봐주지도 않아요. 아니 봐주기는커녕 내 볼을 더 오래 잡아당기시는 것 같아요.

"오늘은 왜 또 지각한 거냐?"

"동생들 유치원 차가 늦게 와서요."

"요 녀석, 오늘은 동생들 핑계냐?"

"진짜예요. 동생들 유치원 차가 늦게 오는 바람에 늦었어요."

나는 너무 억울해서 팔짝팔짝 뛰면서 말했어요. 하지만 등교 지도를 하는 선생님도, 교감 선생님도, 같이 벌서던 아이들도 모두 내 말을 비웃지 뭐예요.

"재룡아, 안녕?"

교실에 들어오니 나은이가 반갑게 인사를 했어요. 나은이를 보니까 기분이 좀 좋아졌어요.

화요일 1교시는 수학 시간이에요. 나는 수학을 꽤 잘해요. 그래서 수학 시간이 즐거워요.

"자, 지난번에 내 준 숙제 검사할게요. 숙제한 공책 책상 위에 펴 놓으세요."

나은이 책상을 힐끔 보니까 벌써 공책을 펴 놓았어요. 나도 얼른 가방을 열었어요. 어, 그런데 공책이, 공책이 없어요. 어제 분명히 숙제를 했는데……. 꿀밤을 맞은 것처럼 머리가 얼얼하고 눈앞이 캄캄했어요.

"재룡아, 재룡이는 왜 공책을 안 꺼내니?"

올 것이 오고야 말았어요. 선생님은 나은이 공책에 칭찬 도장을 찍어 주시고는 나한테도 공책을 보여 달라고 하셨어요.

"숙제를 했거든요. 진짜 숙제를 했는데……. 그런데 공책이 없어요."

"음, 숙제를 했는데 공책을 안 가져왔다고? 재룡아, 그건 숙제를 안 한 거랑 같아. 약속대로 벌점 스티커를 받아야겠다."

선생님은 참 냉정했어요.

"선생님, 엄마 때문이에요. 제가 분명히 숙제를 했거든요. 그런데 엄마가 동생들 때문에 정신이 없으셔서 가방 챙기실 때 안 넣으신 거예요."

"재롱아! 숙제를 안 가져온 것은 네 잘못이야. 네 숙제는 네가 챙겨야지. 선생님이 널 못 믿는 건 아니지만 규칙이니까 벌점 스티커 받아야 해."

나는 선생님이 주신 벌점 스티커를 구겨서 주머니에 넣어 버렸어요. 꼴도 보기 싫었어요. 꽃미남 이재

룡이 숙제 때문에 벌점 스티커나 받다니 정말 창피해요. 다 엄마 때문이에요.

"그걸 구기면 어떻게 해? 네 스티커 판에 붙여야지."

나은이가 내 행동을 지켜보고 있었나 봐요. 나은이는 선생님보다 더 냉정한 것 같아요.

"너까지 왜 그래? 나 진짜 숙제 했다니까. 다 엄마 때문이야. 동생들 때문에 지각하고 벌 받아서 짜증나는데, 엄마 때문에 벌점 스티커까지 받았잖아."

나은이는 기가 막히다는 표정을 지었어요. 나는 이해할 수가 없었어요. 할머니였다면 분명 동생들이랑 엄마를 야단쳐 주었을 테니까요.

"너 정말 웃긴다. 넌 왜 항상 남의 탓만 하니?"

깜짝 놀라 나은이를 쳐다보았어요. 나은이의 차가운 말이 꼭 내 뺨을 찰싹찰싹 때리는 것만 같았어요.

사탕을 선물해야 해

"나은아, 잘 가! 내일 보자."

활짝 웃으면서 나은이한테 인사를 했어요. 하지만 나은이는 내 인사를 받아 주지 않았어요. 정말 너무해요. 요즘 나은이는 나를 보고 웃지도 않아요. 내가 말을 걸어도 대답도 잘 하지 않고요. 아무래도 나은이는 나를 단단히 오해하고 있는 게 틀림없어요. 정말 속상해요.

"오빠, 엄마는 지연이랑 치과 갔어. 참, 엄마가 오빠 실내화 찢어졌다고 마트 가서 실내화랑 내 물통 좀 사다 놓으래."

집에 가니 재연이가 돈을 내밀었어요. 우울했던 기분이 좀 나아지는 것 같았어요. 우리 집 앞에는 아주 커다란 마트가 있는데 거기에 가면 기분이 좋아지거든요. 구경할 것도 많고, 시식 코너도 많으니까요.

"사랑을 전하세요. 달콤한 사탕으로 사랑을 전하세요."

마트 입구에서 천사 날개가 달린 옷을 입은 누나가 사탕을 나누어 주며 말했어요. 누나가 그러는데 내일은 남자가 좋아하는 여자한테 사탕을 주는 날이래요. 나는 누나가 준 사탕을 먹으면서 사탕 구경을 했어요. 진열대에는 예쁘게 포장된 사탕들이 엄청 많았어요. 진열대 주변에는 사탕을 구경하는 사람들로 발 디딜 틈도 없었어요. 한 5학년쯤 돼 보이는 누나들도 있고, 교복 입은 누나들도 있고 형들도 많았어요.

"어머, 너무 예쁘다! 나도 이런 거 받고 싶어."

"그러게. 이런 걸 받고 좋아하지 않을 여자가 어디 있겠어."

진열대 주변에 몰려 있던 누나들의 말에 좋은 생각이 떠올랐어요.

"누나, 이거 얼마예요?"

제일 크고 예쁜 사탕을 골라 천사 누나에게 물어보았어요.

"어머, 우리 꽃미남 어린이, 여자 친구한테 선물하게? 만 오천 원이야."

너무 놀라서 입안에 있던 사탕을 누나 얼굴에 뱉을 뻔했어요. 사탕이 만 오천 원이라니 너무 비싸잖아요. 나는 주머니에 있는 돈을 만지작거렸어요. 실내화랑 재연이 물통 사라고 엄마가 준 돈은 이만 원이에요. 내 실내화를 안 사고, 재연이 물통을 제일 싼 걸로 사면 저 사탕을 살 수 있을 거예요.

"꽃미남 어린이. 아직도 고민 중이야? 그럼 누나가 사은품으로 천사 날개 달린 볼펜도 줄게."

누나가 내민 볼펜은 정말 예뻤어요. 결정했어요. 저 사탕과 볼펜을 주면 나은이는 나를 좋아하게 될 거예요.

엄마에게 사탕 산 것을 들킬까 봐 조마조마했어요. 하지만 다행히 엄마는 심부름 시킨 것도 잊어버리신 것 같아요. 이를 뽑은 지연

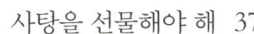

이가 아프다고 계속 보채는 바람에 나한테 신경 쓸 겨를이 없었거든요.

"오, 이재룡! 오늘은 웬일이냐? 지각도 안 하고?"

교문을 들어서자 교문 앞에서 등교 지도를 하는 선생님이 놀란 얼굴로 물으셨어요. 나는 선생님을 향해 빙그레 웃어 보였어요. 오늘처럼 중요한 날 어떻게 지각을 하겠어요. 담임 선생님이 오시기 전에 나은이한테 사탕을 전해 줘야 한다고요.

교실에 들어가니 나은이는 벌써 자리에 앉아 동화책을 읽고 있어요.

"나은아, 이거."

자리에 앉자마자 나은이에게 사탕과 볼펜이 담긴 상자를 내밀었어요. 나은이는 내가 내민 커다란 상자를 보고 얼떨떨한 표정을 지었어요.

"이게 뭐야?"

"풀어 봐. 오늘이 화이트데이잖아. 너한테 주는 선물이야."

내 말이 끝나기 무섭게 여자애들이 우르르 몰려왔어요.

"우아, 이게 뭐야?"

나은이보다 나은이 주변에 있는 여자애들이 더 난리였어요.

"좋겠다! 재룡이처럼 잘생긴 애한테 사탕도 받고."

"볼펜 좀 봐. 정말 예쁘다."

여자애들은 나은이를 엄청 부러워했어요. 나은이도 싫지는 않은 것 같았어요. 아니 기분이 좋은 것 같았어요. 여자애들이 부러워할 때마다 나은이도 생긋 웃었으니까요. 나은이가 웃는 걸 보니까 나도 덩달아 웃음이 났어요.

"이재룡, 고마워."

수업이 끝나고 집에 갈 때 나은이가 먼저 인사도 했어요.

"어, 아냐. 별것도 아닌데, 뭘."

"4월에 내 생일인데 그때 초대할게."

하마터면 너무 좋아서 소리를 꽥 지를 뻔했어요. 나은이가 나에 대한 오해를 풀었나 봐요. 분명 나은이도 나를 좋아하게 될 거예요.

정말 억울해

하루 종일 너무 즐거워요. 나은이가 나한테 친절하게 대해 주니까요. 공부도 더 잘되고, 밥도 더 맛있어요. 수업 끝나고 집에 가는 게 아쉬울 정도라니까요.

"재롱이랑 나은이는 잠깐 선생님 좀 보고 갈래?"

교실 문을 나서려는데 선생님이 나랑 나은이를 부르셨어요. 무슨 일일까요?

"나은아, 혹시 재롱이한테 사탕을 사 달라고 했니?"

선생님 말씀에 나은이는 커다란 눈이 더 커다래졌어요.

앗, 어쩌면 좋아요? 결국 엄마가 전화를 했나 봐요. 내가 그렇게 애원했는데도 선생님한테 전화를 하다니 엄마는 정말 나빠요.

"그게 무슨 말씀이세요?"

나은이의 말에 선생님은 우리 엄마한테 전화 받은 이야기를 해 주셨어요.

"아, 정말 엄마 때문에 못 살겠어."

너무 화가 나서 나도 모르게 큰 소리로 말해 버렸어요. 하지만 나은이는 속상한 내 마음을 이해해 주기는커녕 나를 노려보았어요. 나은이 눈이 그렇게 무서운지 처음 알았어요.

실은 어제 엄마한테 실내화를 사지 않고 비싼 사탕을 산 것을 들켰거든요. 엄마가 너무 화를 내는 바람에, 나도 모르게 나은이가 사탕을 사 달랬다고 말해 버렸어요. 이제 어떻게 해요? 나은이는 나를 정말 미워할 거예요.

"선생님, 저는 재룡이한테 사탕 사 달라고 한 적 없어요. 정말이에요. 이재룡, 네가 얘기해! 내가 언제 사탕 사 달라고 그랬니?"

화가 많이 난 나은이를 보니까 겁이 났어요.

"네가 자꾸 나한테 화를 내서 너를 기쁘게 해 주려고……. 네가 나한테 쌀쌀맞게 대했잖아. 네가 그러지만 않았어도 이런 일 없었을 거야."

나은이한테 진짜 미안한데, 선생님께 혼날까 봐 속마음과는 다른 얘기가 술술 나왔어요. 내 얘기에 선생님도, 나은이도 어이없다는 표정을 지었어요.

"그래, 어떻게 된 일인지 알겠다. 나은이는 먼저 가도록 해."

나은이가 먼저 간 후에도 나는 선생님한테 한참 동안이나 야단을 맞았어요. 너무 야단을 많이 맞아서 힘이 하나도 없었어요. 난 야단맞는 게 세상에서 제일 싫거든요.

"이재룡! 너, 나 좀 봐."

나은이는 집에 가지 않고 나를 기다리고 있었나 봐요.

"이재룡, 넌 왜 항상 남의 탓만 하니? 너 정말 비겁해. 난 너처럼 책임감 없고 핑계만 대는 애 별로야. 내 생일에 절대 초대

안 할 거야."

나은이한테 많이 미안했는데, 나은이가 막 화를 내니까 오히려 섭섭해졌어요.

"너 정말 너무한다. 내가 무슨 핑계를 댄다고 그러냐?"

"정말 몰라서 그러는 거니? 넌 항상 그러더라. 무슨 일만 있으면 남의 탓하고. 사실 다 네 탓이잖아. 네 잘못이라고!"

슬슬 화가 났어요. 나은이가 아무리 예뻐도 이건 참기 힘든 일이에요.

"내가 뭘 잘못했다고 그래? 뭐가 내 탓이라는 거야? 잘 알지도 못하면서!"

나도 모르게 나은이한테 소리를 질러 버렸어요. 나은이는 기가 막힌다는 표정을 짓더니 집으로 가 버렸어요. 나은이랑 싸우고 싶지 않았는데 왜 이렇게 일이 꼬이는지 모르겠어요.

사실 나도 내가 잘못했다는 거 알아요. 하지만 사실대로 얘기하면 나은이가 나한테 실망하고, 선생님한테도 혼날 것 같아서 좀 겁이 났단 말이에요.

나은이가 이제 나랑 말도 안 하면 어떻게 하죠?

나은이한테 잘 보이고 싶고, 친하게 지내고 싶단 말이에요.

"오빠, 엄마는 은행 갔어. 엄마가 피자 만들어 놨다!"

엄마한테 따지려고 했는데 엄마가 없어요. 더 화가 나요. 모든 게 엄마 때문이잖아요. 엄마 때문에 선생님한테 혼나고, 나은이한테 오해 받았잖아요.

"여덟 조각이니까, 내가 세 조각 먹을래."

지연이가 피자 접시를 그러안더니 말했어요.

"왜 네가 세 조각 먹어? 나도 세 조각 먹을 거야."

재연이도 질세라 따졌어요. 그러더니 쌍둥이들은 갑자기 피자 접시를 가지고 싸우기 시작했어요. 동생들까지 왜 이러는지 모르겠어요.

"아, 진짜 너희들까지 왜 이래? 피자 접시 이리 줘. 오빠가 공평하게 나눠 줄게."

하지만 쌍둥이들은 내 말은 듣지도 않고, 피자 접시를 서로 차지하려고 싸웠어요.

챙그랑!

투닥거리던 쌍둥이들은 결국 피자 접시를 떨어뜨려 깨뜨리고 말았어요.

"으앙!"

"무슨 일이니? 왜 그래?"

때마침 집에 오신 엄마는 우는 쌍둥이와 깨진 피자 접시를 보고 놀라서 물었어요.

"오빠가 피자 접시 내놓으라고 해서, 엉엉. 그래서 깨졌어."

"맞아, 오빠 때문에 깨졌어. 엉엉."

정말 황당해요. 엄마한테 혼날까 봐 쌍둥이들이 내 핑계를 대잖아요.

"아냐, 엄마. 재연이랑 지연이가 서로 많이 먹겠다고 싸우다 그런 거야."

"이재룡, 널 어쩌면 좋니? 이번에는 동생들 탓하는 거니?"

쌍둥이들은 엄마가 나를 혼내자 울면서 엄마랑 내 눈치를 슬금슬금 봤어요. 엄마는 쌍둥이가 울음을 그치자 다시 나를 다

그치며 말했어요.

"오늘 담임 선생님한테 전화 받았어. 너 그거 아주 나쁜 버릇이야. 왜 네 잘못을 인정하지 않고 항상 남의 핑계를 대?"

화를 내야 하는 건 나인데 엄마가 더 화를 냈어요. 내가 피자 접시 깨뜨린 거 아닌데 정말 억울해요.

축구 경기 중에 생긴 일

내가 남 탓하는 건 아주 나쁜 버릇이래요. 엄마, 아빠는 내 나쁜 버릇을 고치겠대요. 자기 잘못을 인정하지 않고 남의 핑계만 대는 사람은 마음대로 할 자격이 없대요. 그래서 요즘 내 마음대로 아무것도 못하게 해요. 너무 답답해요. 마치 감옥에 갇힌 기분이에요.

학교에 가도 재미없기는 마찬가지예요. 처음 학교에 입학했을 때만 해도 꽃미남이라고 관심 받고, 나은이랑도 잘 지내서 즐거웠어요. 하지만 요즘은 답답하기만 해요. 나은이는 나하고는 아는 척도 안 해요. 눈이 마주쳐도 째려보기만 하고요. 삼 일을 살았는데 한 삼백 년은 산 것 같아요.

"얘들아, 체육 시간에 5반이랑 축구 시합하기로 했으니까 운동장으로 나가자."

선생님의 말씀에 남자애들이 환호성을 질렀어요. 남자라면

대부분 축구를 좋아해요. 나도 마찬가지예요. 공과 함께 운동장을 누비다가 골문에 골인을 시키는 기분은 경험해 보지 않은 사람은 절대 알 수 없어요.

공과 함께 이리저리 뛰어다니니까 답답했던 마음이 뻥 뚫리는 것 같았어요.

"이리로 패스해!"

"이재룡, 패스해, 패스!"

나는 패스를 외치는 준수에게 얼른 패스를 했어요. 하지만 준수는 자기를 수비하는 5반 김현기의 눈치를 살피다 김현기

한테 공을 빼앗기고 말았어요. 내가 패스했을 때 빨리 받았어야 했는데 한발 늦은 거예요.

준수한테 공을 빼앗은 김현기는 재빨리 5반 다른 아이한테 패스했고, 그 아이는 골인을 시켰어요. 정말 아까워요. 준수가 내가 패스해 준 공을 골인만 시켰어도 우리 반이 이길 수 있었거든요. 우리 반은 아깝게 2대 1로 5반한테 지고 말았어요.

"아, 정말 아까워. 우리 반이 이길 수 있었는데."

"맞아. 오늘 이겼으면 선생님이 아이스크림 사 주신다고 했는데."

수돗가에서 손을 씻으며 아이들이 아쉬워했어요. 준수도 손을 씻으러 수돗가에 왔다가 아이들이 투덜대는 소리에 눈치를 보며 멈칫했어요. 나는 그런 준수를 째려보았어요. 오늘 진 건 다 준수 때문이니까요.

"이재룡 왜 째려보냐? 오늘 진 게 나 때문이라는 거야? 너 되게 웃긴다. 오늘 진 거 다 너 때문이야."

난 준수의 말에 어이가 없었어요.

"어째서 나 때문이야? 네가 공 빼앗겨서 진 거잖아."

"네가 조금만 더 빨리 패스했어 봐. 내가 공을 뺏겼겠어?"

잘못은 자기가 해 놓고 누구 탓을 하는 건지 모르겠어요. 오준수 정말 웃긴 애예요.

"맞아. 오늘 진 거 다 이재룡 때문이야. 이재룡이 조금만 빨리 패스했으면 김현기한테 공 안 뺏겼을 거야."

민국이가 알지도 못하면서 끼어들었어요. 민국이는 준수랑 만날 붙어 다녀요. 친하다고 준수 편드나 봐요. 치사해요.

"무슨 소리야? 오준수가 머뭇거려서 빼앗긴 거잖아."

나도 지지 않고 소리쳤어요. 분하고 억울해서라도 이대로 못 넘어가요. 왜 남의 탓을 해요.

"너희들도 아까 봤지? 오준수가 김현기 눈치 보면서 머뭇거린 거?"

나는 수돗가에서 손을 씻는 애들에게 모두 들으란 듯이 말했어요. 애들은 사실을 다 알 테니까요. 준수 때문에 진 걸 아는 애들은 내 편을 들어줄 거예요.

"맞아. 나도 봤어."

"그렇지? 너도 봤지? 오준수가 김현기 눈치 보느라 공 빼앗긴 거잖아. 난 제때 패스했어. 오늘 진 건 다 오준수 때문이야."

나는 종현이의 말에 신 나서 떠들었어요. 오준수, 정말 어이없어요. 분명 자기 실수 때문에 져 놓고는 비겁하게 내 탓을 하잖아요.

"오준수 진짜 비겁하지 않냐? 왜 자기가 실수해 놓고 남의 탓으로 돌려?"

오준수는 내 말에 씩씩거리더니 민국이와 교실로 들어가 버렸어요. 속이 다 시원해요.

그런데 난 더 이상 아무 말도 할 수가 없었어요. 나은이랑 눈이 마주쳤거든요. 나은이는 황당하다는 표정을 짓고 있었어요. 나은이의 표정을 보다가 문득 방금 전에 내가 한 말이 떠올랐어요. 갑자기 식은땀이 나고 심장이 쿵 내려앉는 것 같았어요. 신 나고 통쾌하던 기분이 다 사라져 버렸어요.

'왜 자기가 실수해 놓고 남의 탓으로 돌려?'

빨가벗고 나은이 앞에 선 것처럼 창피했어요. 분명 오준수한테 한 말이었는데, 그 말은 나를 더 부끄럽게 했어요.

이제 알 것 같아요. 남 탓하는 사람을 보는 게 어떤 기분인지요. 내가 얼마나 못난 아이였는지도요. 나은이는 내가 얼마나 한심하게 보였을까요?

잘못을 인정하는 게 진짜 용기

"엄마, 엄마! 으앙!"

"재룡아, 무슨 일이니?"

엄마 얼굴을 보자마자 울음을 터뜨렸어요. 왜 눈물이 나는지 알 수 없었지만 엄마를 보니까 눈물이 나왔어요. 내 마음이 아주 복잡한 미로처럼 어지러웠어요. 엄마 품에 안겨 한참이나 울었어요. 내가 좀 진정이 되자 엄마가 우는 이유를 물으셨어요. 실컷 울고 나서 그런지 마음이 좀 정리되는 것 같았어요.

"오늘 축구 시합을 했는데 준수 때문에 졌어요. 그런데 준수

가 내 탓을 하더라고요. 준수한테 화를 내다가 알게 됐어요. 준수 모습이 꼭 내 모습 같다는 걸요."

다시 목이 메었어요. 나를 한심하게 쳐다보던 나은이가 떠올랐거든요.

"따뜻한 코코아 한 잔 타 줄게."

엄마는 마시멜로를 넣은 달콤한 코코아를 타 주셨어요. 따뜻한 코코아를 한 모금 마시고 나니 마음이 좀 차분해지는 것 같았어요.

"재롱아, 사람은 누구나 실수를 해. 하지만 자신의 실수를 인정하지 않고 남의 탓을 하는 건 정말 비겁한 행동이야."

엄마 말은 차분해졌던 내 마음을 다시 건드렸어요. 엄마는 왜 속상한 나를 야단치려는 걸까요? 지금 나한테 필요한 건 따뜻한 위로예요. 할머니처럼 내 편을 들어주고, 나를 토닥여 줬으면 좋겠다고요.

사실 따지고 보면 내가 남 탓하는 버릇을 가지게 된 건 다 엄마 때문이에요. 엄마한테 칭찬받고 싶었다고요. 엄마는 항상 쌍둥이 때문에 바쁘고 정신없으니까 나하고는 같이 있을 시간도 없어요. 그래서 좋은 모습만 보여 주고 싶었거든요.

"엄마는 왜 항상 내 편이 아니에요? 엄마는 늘 쌍둥이만 예뻐해요. 난 항상 뒷전이라고요. 할머니는 항상 내 편이고, 나만 생각해 주는데……. 나한테는 할머니밖에 없어요."

울컥 서러운 생각이 들면서, 할머니 생각을 하니 당장에라도 할머니한테 가고 싶어졌어요. 할머니라면 나를 위로해 주고 내 편을 들어줬을 거예요. 엄마는 정말 너무해요. 나도 속상한데 자꾸 내 잘못만 들추잖아요.

"재롱아, 그게 아냐. 사실 엄마는 재롱이가 남 탓하는 버릇을 가지고 있다는 걸 알게 되었을 때 너무 속상하고 슬펐어. 엄마가 더 신경 못 써 준 거 같아서 미안하고. 널 그렇게 만든 게 다 엄마 탓인 것 같고."

엄마 눈에 눈물이 그렁했어요. 엄마의 눈물을 보니 뾰족해졌던 마음이 좀 누그러지는 것 같았어요. 미안한 생각이 들기도 하고요.

"나는 그냥 엄마한테 칭찬받고 싶었어요. 할머니는 늘 내 편을 들어주고, 칭찬만 해 주잖아요. 엄마도 그랬으면 좋겠다고요."

"하지만 재롱아, 할머니가 언제나 네 편을 들어주셨던 건 너를 달래 주려고 그러셨던 거야. 산초나 벽이나 간장 그릇이 정말 잘못을 한 건 아니잖니? 인정하기 싫겠지만 사실 재룡이가 실수한 거였잖아."

엄마 말에 나도 모르게 고개를 끄덕였어요. 난 늘 산초 탓을 하고, 부딪힌 벽을 탓하고, 쏟아진 간장 그릇을 탓했지만 사실은 다 내 실수가 맞으니까요.

"벽이나 간장 그릇은 감정이 없으니까 재룡이가 핑계를 대도 별 탈 없지만 사람은 달라. 네 잘못인데 다른 사람 탓을 하면 그 사람이 얼마나 기분이 나쁘겠니? 재룡이 너도 다른 사람이 네 탓을 하니까 속상했지?"

맞아요. 쌍둥이들이 접시를 깨뜨렸을 때도 그렇고, 오준수 일도 그렇고 정말 속상했어요.

"재룡이가 남 탓하는 나쁜 습관을 가진 걸 할머니가 아신다면 무척 속상하실 거야. 재룡아, 사람은 누구나 실수나 잘못을 해. 엄마도, 할머니도. 그래서 한 번의 잘못을 가지고 그 사람을 혼내거나 미워하지 않아. 오히려 그 사람이 자신의 잘못을 인정하면 그 사람을 더 멋지다고 생각하고 칭찬한단다."

나는 고개를 푹 숙였어요.

"너무 속상해하지 마. 엄마는 지금 재룡이가 너무 대견스럽고 자랑스러워. 오늘 준수와의 일을 통해서 재룡이는 재룡이의 잘못을 깨닫고 인정했잖아. 그게 얼마나 멋진 일인데."

엄마 말은 따뜻한 코코아처럼 내 마음을 토닥여 주었어요.

잘못을 인정하는 게 진짜 용기

"엄마는 재룡이가 조금 서투르고 실수를 해도 재룡이를 사랑해. 물론 재룡이가 잘못을 인정하고 다음에는 같은 잘못을 안 하려고 노력하는 모습을 보여 주면 더 멋있겠지만."

"엄마, 나 약속할게요. 앞으로는 내 실수나 잘못을 인정하고 책임지는 사람이 될게요."

엄마는 새끼손가락을 내미는 나를 와락 끌어안으셨어요.

"고마워, 재룡아. 우리 아들 너무 대견하고 멋지다. 엄마는 널 정말 사랑해. 쌍둥이가 먼저고 네가 뒷전이라고 생각하게 해서 미안해. 앞으로는 엄마가 더 사랑할게. 알았지?"

나도 기쁜 마음으로 엄마를 꼭 끌어안았어요.

꽤 괜찮은 아이

"재롱아, 아직까지 안 자고 뭐해? 지금 12시야."

엄마는 깜짝 놀란 얼굴이에요. 물을 가지러 부엌에 나오셨다가 내 방에 불이 켜진 것을 보고 놀라셨나 봐요. 벌써 12시라니 시간이 이렇게 된 줄 몰랐어요.

"엄마가 내 행동에 책임을 지는 사람이 되라고 했잖아요. 오늘 내가 우리 모둠 작품을 망가뜨렸거든요. 그래서 다시 만들어야 해요."

"재롱아!"

깜짝 놀라서 둥그레졌던 엄마 눈에 금세 눈물이 고였어요. 엄마는 나를 꼭 안아 주셨어요.

"우리 재룡이 기특하네. 어른도 나쁜 버릇 고치기 힘든데, 노력하는 네 모습 보니까 정말 대견해."

사실 슬슬 졸리고 힘들어서 짜증이 나려던 참이었어요. 그런데 엄마 칭찬을 들으니까 기운이 났어요.

"혼자 할 수 있겠어?"

"그럼요. 거의 다 했는걸요. 내가 망가뜨렸으니까 내 힘으로 꼭 다시 만들 거예요."

엄마는 간식을 가지고 오셔서 내가 만들기를 다 마칠 때까지 옆에 있어 주셨어요.

그날 이후 나는 달라지기로 마음먹었어요. 앞으로는 어떤 일이든 내가 한 일은 책임을 지는 사람이 되겠다고요. 물론 쉽지는 않아요. 엄마, 아빠 말처럼 나는 핑계 대는 게 버릇으로 굳어졌으니까요.

사실 오늘도 하마터면 핑계 대는 버릇이 또 나올 뻔했어요.

미술 시간에 모둠별로 공동 작품을 만들었어요. 우리 모둠은 종현이 의견에 따라 지점토로 채소를 만들었어요. 나는 감자, 양파, 파프리카를 만들기로 했어요. 지점토로 반죽을 해서 채소의 모양을 만들고, 물감으로 색칠해서 니스를 발라 말리면 진짜 채소 같아요.

우리 모둠은 두 시간 동안 정말 열심히 만들었어요. 장난도 안 치고, 떠들지도 않고요.

"휴, 다 끝났다!"

"이제 니스 칠한 거 잘 마르게 창가에 두자."

나는 쟁반에 아이들의 작품을 조심히 담았어요. 그리고 자리에서 일어나 창가 쪽으로 발걸음을 옮겼어요.

"으앗, 어떡해!"

교실 바닥에 떨어진 지우개를 주우려고 몸을 숙였던 창민이가 몸을 일으키다가 이마로 내가 들고 있던 쟁반을 치고 말았어요. 순식간에 쟁반에 담겨 있던 지점토 작품들이 교실 바닥으로 떨어졌어요.

우리 모둠 아이들은 물론이고 교실에 있던 반 아이들 모두 깜짝 놀랐어요.
바닥에 떨어져 망가진 지점토 작품을 본 모둠 아이들은 원망이 가득 담긴 표정으로 나와 창민이를 번갈아 보았어요.

"어, 어떡해! 미안, 정말 미안해."

창민이는 금방이라도 울 것 같은 표정이었어요. 왈칵 화가 났어요. 창민이 때문에 우리 모둠 작품이 엉망이 되었으니까요. 하지만 창민이의 이마를 본 순간 마음속에서 왈칵 치솟았던 화가 가라앉았어요. 창민이의 이마에는 상처가 났어요. 내가 들고 있던 쟁반에 이마를 부딪치면서 생긴 거였어요. 창민이를 탓하려던 마음을 바꿨어요. 앞을 잘 살피지 않은 내 잘못도 있으니까요.

"아니야, 내가 미안해. 앞을 잘 보고 걸었어야 하는데."

진심으로 창민이에게 사과했어요. 내가 사과를 하자 창민이가 좀 놀란 표정을 지었어요. 난 반에서 남 탓하기로 소문난 못난 아이니까요. 그런 내가 창민이 탓도 하지 않고, 먼저 사과를 하니 놀란 것 같아요.

"헉, 이게 어떻게 된 일이야? 이제 우리 모둠은 망했다."

화장실에 다녀온 세나는 바닥에 떨어진 지점토 작품을 보고 울상을 지었어요.

"뭐야? 누가 이런 거야?"

"세나야, 미안해. 내가 실수로 쟁반을 떨어뜨렸어."

"미안하면 다야? 이제 어떻게 할 거야?"

세나는 아기처럼 떼를 썼어요. 세나가 만든 파, 마늘, 당근은 누가 봐도 예뻤거든요.

"내가 다시 만들어 올게. 내일까지 꼭 만들어 올게."

세나도, 나은이도 놀란 눈으로 나를 쳐다봤어요. 특히 나은이

는 정말 놀란 표정이었어요. 당연히 내가 창민이 탓을 할 줄 알았나 봐요.

"재롱아, 엄마가 내일 아침에 드라이로 말려 줄 테니까 이제 그만 자. 내일 늦잠 자면 이렇게 고생한 거 소용없게 되잖아."

아이들과의 약속을 지켰어요. 내 행

동에 책임도 졌고요. 세나가 만든 것보다 조금 덜 예쁘지만 마음이 뿌듯해요.

아침에 저절로 눈이 떠졌어요. 엄마는 어느새 드라이로 잘 말려 놓으셨어요. 니스 칠이 마른 채소들은 알록달록 예뻤어요.

"이재룡, 너 못난 아이인 줄 알았더니 자기 말과 행동에 책임질 줄 아는 꽤 괜찮은 애네."

내가 만들어 온 채소를 본 나은이가 활짝 웃으며 말했어요.

"그러게. 이재룡 너 다시 봤다."

"핑계만 대는 비겁한 애인 줄 알았더니 너 좀 멋있어."

모둠 아이들도 모두 나를 칭찬했어요. 아이들의 칭찬을 들으니 내 마음속 어딘가 꽁꽁 얼어붙어 있던 작은 벽 같은 것이 스르르 녹는 것 같았어요.

'꽤 괜찮은 애'라는 말, 이젠 매일 들을 거예요. 앞으로는 핑계 대지 않고, 늘 내 말과 행동에 책임을 지는 사람이 될 거니까요.

|부록|

내 행동은 내가 책임지기

1. 나의 책임감 지수 테스트

2. 책임감 있게 행동하려면?

3. 책임감을 길러 주는 8가지 습관

1. 나의 책임감 지수 테스트

나는 얼마나 책임감 있는 사람인지 생각해 본 적 있나요? 이 테스트를 통해 나의 책임감에 대해 되돌아보는 기회를 가져 보세요.

책임감 지수 테스트

1. 아침에 자고 일어나면 이불과 베개는 내가 정리해요.
2. 책가방은 전날 미리미리 챙겨 놔요.
3. 세수와 양치질은 엄마가 잔소리하기 전에 내 스스로 해요.
4. 다 먹은 내 밥그릇은 개수대에 갖다 놔요.

5. 실수로 친구를 밀치거나 다치게 하면 변명하지 않고 사과해요.
6. 숙제는 내 힘으로 해요.
7. 알림장과 준비물은 엄마가 챙겨 주지 않아도 스스로 챙겨요.
8. '너 때문이야, 엄마 때문이야'라는 말은 하지 않아요.

9. 내 실수를 인정하고 사과를 잘하는 편이에요.
10. 옷은 벗어서 꼭 옷걸이에 걸어 놔요.
11. 아무리 힘든 일이라도 끝까지 해내는 편이에요.
12. 내가 가지고 논 장난감과 물건은 내가 치워요.

테스트 결과

0~4개 책임감을 길러야 해요. 당장은 조금 창피하고 힘들고 자존심 상해도 내 잘못을 인정하고 내 힘으로 어떤 일이든 해결하려고 노력해 보세요.

5~8개 어떤 일은 스스로 하려고 노력하지만 자신의 잘못을 살짝 눈감아 줄 때도 있군요. 슬쩍 남 탓을 할 때도 있고요. 조금만 노력하면 책임감 있는 멋진 어린이가 될 수 있으니까 노력해 보세요.

9~12개 아주 훌륭해요. 지금 이 상태를 유지한다면 아주 멋진 어린이가 될 수 있을 것 같네요. 어렵고 힘든 일이 닥쳐도 지금과 같은 마음을 지키려고 노력해 보세요.

2. 책임감 있게 행동하려면?

평소에는 책임감 있는 친구들도 어려운 상황에 처하게 되면 달라질 수 있어요. 하지만 책임감은 어렵고 힘든 상황일 때 더 빛을 발하는 법이랍니다. 어떤 일이 일어나든 자신의 행동에 책임을 지는 사람이 되도록 노력해야 해요.

⇨ 재롱이는 친구들과 여행을 갔다가 배가 난파되어 무인도에 가게 되었어요. 어떤 친구가 가장 책임감 있는 친구인지 찾아서 동그라미 쳐 보세요.

3. 책임감을 길러 주는 8가지 습관

세상에서 가장 힘 있고 멋진 사람은 자신의 행동에 책임지는 사람이라고 얘기했죠? 그렇다면 어떻게 해야 자신의 행동에 책임을 지는 멋진 사람이 될 수 있을까요? 책임감을 기르는 방법 다 함께 배워 볼까요?

① 내 물건, 내 방은 내 힘으로 정리하고 치운다.
② 숙제도 공부도 내 힘으로 해 보려고 노력한다.
③ 작은 실수를 부끄러워하지 말자. 실수를 인정하지 않는 것이 가장 부끄러운 일이다.
④ 다른 사람의 도움에 의존하지 말자.
⑤ 지킬 수 있는 계획표를 세우고 계획을 실천한다.
⑥ 변명은 하지 않는다.
⑦ 책임질 수 없는 약속이나 빈말은 하지 말자.
⑧ 나의 행동과 말을 제어할 수 있는 사람이 되자.

지금 당장 내가 지킬 수 있는 계획표를 세워 지켜 보세요. 내 생활과 행동을 다스릴 수 있는 힘이 생긴다면 책임감 있는 멋진 어린이가 될 수 있을 거예요.

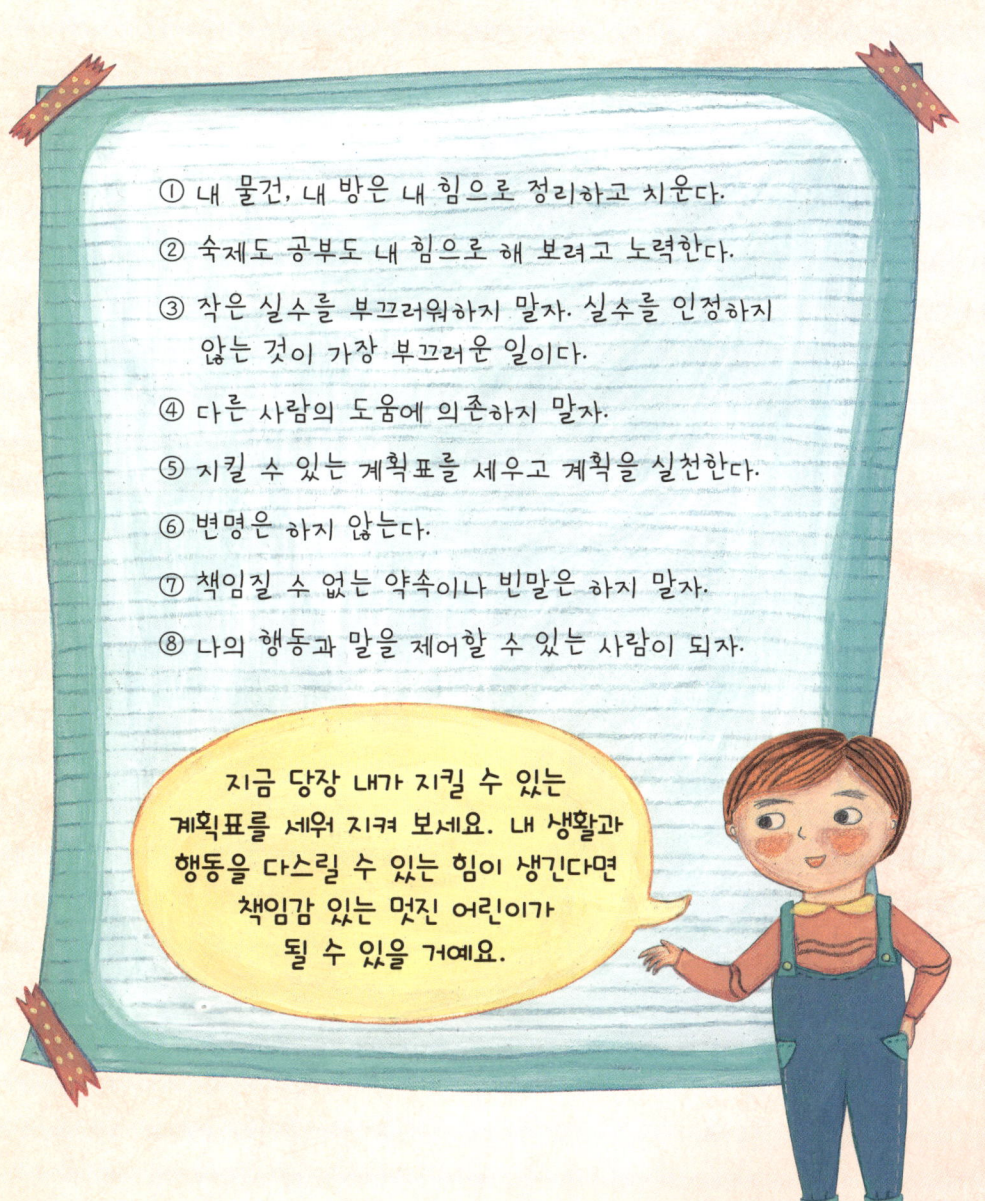

핑계 대지 않는 아이로 길러주는 책
내 잘못 아니야

초판 1쇄 발행 2013년 7월 20일 **초판 14쇄 발행** 2021년 11월 18일

글 최형미 **그림** 김지현
펴낸이 이승현

편집3 본부장 최순영
교양 학습 팀장 김문주
키즈 디자인 팀장 이수현 **디자인** Design Lovey

펴낸곳 ㈜위즈덤하우스 **출판등록** 2000년 5월 23일 제13-1071호
제조국 대한민국 **주소** 서울특별시 마포구 양화로 19 합정오피스빌딩 17층
전화 02)2179-5600 **홈페이지** www.wisdomhouse.co.kr **전자우편** kids@wisdomhouse.co.kr

ⓒ최형미, 2013
ISBN 978-89-6247-379-7 74810
ISBN 978-89-92010-33-7(세트)

* 이 책의 전부 또는 일부 내용을 재사용하려면 반드시 사전에 저작권자와 ㈜위즈덤하우스의 동의를 받아야 합니다.
* 인쇄·제작 및 유통상의 파본 도서는 구입하신 서점에서 바꿔드립니다.
* 책값은 뒤표지에 있습니다.
* 이 책의 사용 연령은 8~13세입니다.